MITTELALTERLICHE ZAHLENSYMBOLIK

UND DIE

EINTEILUNG

DER DIGESTEN-VULGATA

VON

DR. PAUL KRETSCHMAR
ORD. PROFESSOR AN DER UNIVERSITÄT INNSBRUCK

WALTER DE GRUYTER & CO.
VORM. G. J. GÖSCHEN'SCHE VERLAGSHANDLUNG / J. GUTTENTAG, VERLAGSBUCHHANDLUNG / GEORG REIMER / KARL J. TRÜBNER / VEIT & COMP.
BERLIN 1930 LEIPZIG

Vorwort.

Die folgende Abhandlung sucht im wesentlichen die schon in der Zeitschrift der Savigny-Stiftung für Rechtsgeschichte Rom. Abt. mitgeteilten Ergebnisse sicherzustellen, sie weiter auszubauen und gegen einen von Kantorowicz dagegen unternommenen Angriff zu verteidigen. Es mag manchen Leser wundernehmen, daß hierfür die anspruchsvolle Form gesonderter Veröffentlichung und nicht die Replik in der Zeitschrift selbst gewählt worden ist. Indessen wurde der letztere Weg dadurch für mich ungangbar, daß das geschäftsführende Mitglied der Redaktion der genannten Zeitschrift, Professor Dr. Levy, mir auf mein Ersuchen um den erforderlichen Raum Beschränkung auf einen Bogen und Unterbringung im Miszellenteil nahelegte und überdies es angebracht fand, den Ausdruck der Erwartung beizufügen, ich werde „in der Form der Entgegnung alle wünschenswerte Mäßigung walten lassen". —

Mit der gewählten Art der Veröffentlichung sind, wie ich nicht verkenne, gewisse Nachteile verbunden. Denn es war nicht möglich, den ganzen Inhalt meiner oben zitierten Abhandlung restlos in die vorliegende Schrift aufzunehmen. Für die volle Würdigung meines Standpunktes ist es also erforderlich, auch die frühere Abhandlung heranzuziehen. Sodann sind durch die Art des Erscheinens der Verbreitungsmöglichkeit meiner Entgegnung engere Schranken gezogen. Zum Glück pflegt sich die Wahrheit, wenn auch langsamer als bei günstigeren äußeren Umständen, schließlich doch durchzusetzen. Darauf vertraue ich auch in diesem Falle.

Innsbruck, den 31. August 1929.

Paul Kretschmar.

Inhalt.

I.

In einer Abhandlung, welche in der Zeitschrift der Savigny-Stiftung für Rechtsgeschichte Romanistische Abteilung Bd. 48 S. 88 f. erschienen ist, habe ich die rätselhafte Einteilung der Digesten-Vulgata [1]) auf die mystisch-symbolisierende Richtung des Mittelalters zurückgeführt. Meinen Darlegungen ist Kantorowicz im darauffolgenden Bande der genannten Zeitschrift (Bd. 49 S. 56 f.) in einem temperamentvollen Aufsatze entgegengetreten. Er rechnet meinen „Versuch" in Bausch und Bogen zu den vielen älteren verunglückten (S. 62 unten) und läßt nicht undeutlich durchblicken, daß damit zugleich jeder Zweifel an der von ihm vertretenen und scharfsinnig ausgebauten Meinung [2]) aus dem Felde geschlagen sei.

Nun kann und muß freilich jeder Autor damit rechnen, daß die Fachgenossen in solchem Meinungsstreit nicht allein auf die Sicherheit des Tones achten, sondern auch die Kraft der Argumente gewissenhaft gegeneinander abwägen. Aber wenn wie hier von Kantorowicz mit dem Klange fester Überzeugung versichert wird (S. 58), daß mir durch seine

[1]) Vgl. darüber vorher besonders die in meiner Abhandlung S. 89 Note 1 Zitierten. Außerdem Scheurl in der ZRG. 12 (1876) S. 143 f. Zdekauer, Su l'origine del manoscritto pisano delle Pandette Giustinianee e la sua fortuna nel medio evo (1890). Patetta, Sull' introduzione del Digesto a Bologna e sulla divisione bolognese in quattro parti (Riv. ital. per le science giur. Vol. 14 (1892) S. 63 ff.).

[2]) Sie ist, wie er selbst hervorhebt, schon vor ihm von Dionysius Gothofredus angedeutet und dann in den Grundzügen von Hugo und von Puchta (Kursus der Institutionen Bd. I § 148) vorgetragen worden.

Beweisführung die einzige Stütze meiner Annahme entzogen sei, so könnte ein völliges Schweigen auf diesen Vorstoß doch allzu leicht dahin gedeutet werden, daß nichts Stichhaltiges erwidert werden könne. Ich sehe mich daher genötigt, zu seinen Ausführungen Stellung zu nehmen und nachzuweisen, daß er wesentliche Elemente meiner Darlegung nicht zu widerlegen versucht hat, während seine Gegenargumente teils überhaupt nicht durchschlagen, teils zwar beachtenswert sind, das wesentliche Ergebnis meiner Untersuchung aber nicht zu erschüttern vermögen.

Zur Klärung des Streitstandes fasse ich die Grundgedanken der von mir vorgeschlagenen Lösung eines Problems, das die Wissenschaft seit der Zeit der Glossatoren beschäftigt hat, hier noch einmal kurz zusammen. Wegen der Begründung im einzelnen verweise ich auf meine oben in bezug genommene Abhandlung, die ich einfach als Z 48 mit Angabe der Seitenzahl und entsprechend den Aufsatz Kantorowicz' mit Z 49 in derselben Weise zitiere. Meine neuen Beweisgründe bringe ich bei der Widerlegung des Kantorowiczschen Angriffs vor.

Die — von Mommsen mit S bezeichnete — Handschrift, von welcher sämtliche Vulgathandschriften abstammen, ist in verhältnismäßig früher Zeit entstanden [2a]). Da in frühmittelalterlicher Zeit die Überlieferung der Schriftdenkmäler, auch der profanen, durch Anfertigung neuer Abschriften vor allem in der Hand der Klöster lag (Z 48 S. 110/111), so spricht eine hohe Wahrscheinlichkeit dafür, daß auch die Handschrift S diesen Ursprung gehabt hat; aber auch abgesehen hiervon: bei der ganzen Grundstimmung

---

[2a]) Die nähere Begründung hierfür habe ich in Z 48 S. 109 f. gegeben, und neue Nachweise folgen in dieser Abhandlung. Die Behauptung Kantorowicz', daß S um 1080 entstanden sei (Z 30 S. 211, 218) ist damit widerlegt. Starke Zweifel hatte in diesem Punkte schon Woeß (Grünhuts Z 40 S. 265) geäußert, der sonst Kantorowicz' Aufstellungen in weitgehendem Maße billigt.

des frühen Mittelalters kann es nicht wundernehmen, daß bei der Abteilung der Handschrift der Geist religiöser Symbolik eine bedeutende Rolle gespielt hat.

In der Glossatorenzeit tritt uns eine, in den Vulgathandschriften sich widerspiegelnde Dreiteilung der Digesten entgegen: Digestum vetus, Infortiatum, Digestum novum. Hierbei ist zweierlei auffällig: Das „Infortiatum" fällt aus dem Begriffspaar „alt" und „neu" heraus. Es hebt sich überdies in der Art der Bezeichnung in bemerkenswerter Weise ab, denn es heißt nicht „Digestum infortiatum", sondern lediglich „Infortiatum" [3]). Beides ist ein starkes Argument dafür, daß das „Infortiatum" eine spätere Bildung darstellt und die ursprüngliche Haupteinteilung der Mutterhandschrift der Vulgaten eine Zweiteilung war, wobei das ganze Digestenwerk in ein Digestum vetus und ein Digestum novum zerfiel. Die Parallele zur Einteilung der Bibel in das Alte und das Neue Testament drängt sich auf und sie wird noch verständlicher durch die dem Mittelalter so geläufige Entgegensetzung und zugleich Parallelisierung von göttlich-kirchlichem und weltlichem Recht (Z 48 S. 100/101). Eine entscheidende Bestätigung erhält diese Annahme durch einen Bericht des Glossators Placentinus, wonach der mit den Worten „Tres partes" beginnende Abschnitt der Digesten, welcher nach späterer Überlieferung den Schlußteil des Infortiatum darstellt, ursprünglich den Anfang des Digestum novum gebildet hat (Z 48 S. 93). Und endlich wird nur durch diese Annahme die sonst ganz unverständliche Art des vor den „Tres partes" gemachten Einschnitts verständlich. Findet doch hier weder ein Buch, noch ein Titel, noch ein Paragraph oder auch nur ein Satz sein Ende, sondern der Satz wird mitteninne hinter dem Wort „dividantur" und vor den Worten „tres partes" zerschnitten, dergestalt, daß mit den Worten „Tres partes" ein neuer Teil beginnt.

[3]) Dies übersieht Woess in seiner Besprechung der ersten Abhandlung Kantorowicz' in GrünhutsZ. 40, 255.

Wie konnte man dazu kommen, ein Werk in einer scheinbar so sinnlosen Weise abzuteilen?

Ich habe nachzuweisen gesucht, daß, wenn man den Zufall der Überlieferung (Verstümmlung und spätere Ergänzung der Handschrift bei dem sonderbaren Einschnitt) ausschaltet, nur eine, aber auch völlig zureichende Lösung übrigbleibt. Bei dieser anscheinend lächerlich sinnlosen Einteilung hat der Symbolismus der Zahlenmystik das entscheidende Wort gesprochen; das Stichwort, auf das hin er tätig wurde, ist von Justinian selbst gegeben, der, auch seinerseits in hohem Maße der Zahlenmystik geneigt, sich in der Constitutio „Tanta" in folgender Weise über den Grund der Einteilung seiner Digesten in sieben Teile ausläßt[4]: „et in septem partes eos digessimus, non perperam neque sine ratione sed in numerorum naturam et artem respiciens." Schon von Justinian ist hiernach, ganz im Geiste seiner Zeit, das Einteilungsprinzip nicht rein dem Stoffe seines Werkes entnommen, sondern aus der Wesensart und Gesetzmäßigkeit der Zahl begründet; hierbei schimmert in dem „artem respiciens" die sich als kunstmäßige Theorie gebende Zahlensymbolik deutlich durch.

Die bedeutsamsten Zahlen für die Symbolik sind nun die 3, die 4, die 7 und die 12. Bei Justinian erscheinen die drei letzteren der Reihe nach als Einteilung der Institutionen in vier Bücher, der Digesten in sieben partes, des Codex in zwölf Bücher.

Von solcher Zahlenmystik wird nun auch die merkwürdige Abteilung des Digestum novum vom Digestum vetus beherrscht. Es galt, die Zweiteilung der Handschrift in ein Digestum vetus und ein Digestum novum so zu vollziehen, daß sie dem Charakter der Siebenzahl gerecht wird. Die Sieben aber setzt sich im Sinne der Zahlensymbolik aus zwei

---

[4]) C. 1, 17, 2, 1 i. f.

besonders bedeutsamen Zahlen zusammen, der 4, welche das Zeichen der Welt ist, und der 3, die das Zeichen der Gottheit darstellt (Dreifaltigkeit) [5]). In den entscheidenden Worten der Digestenstelle: in „quattuor partes dividantur, tres partes ferant legatarii" — stößt die Vierzahl und die Dreizahl aufeinander und zwischen ihnen befindet sich, symbolischer Ausdeutung ein willkommener Anhaltspunkt, in dem „dividantur" die Anweisung zur Vornahme der Teilung. Wird also im Geiste der Zeit das Wort als ein Zeichen angesehen, hinter dem ein besonderer geistiger Sinn auf dem Wege der Allegorie hervorzuziehen ist, so ist hier der Einschnitt gekennzeichnet, in dem das gesamte, sieben Teile umfassende Digestenwerk in das Digestum vetus (Parallele zum Alten Testament) und das Digestum novum (Parallele zum Neuen Testament), in dem die Lehre von der Trinität ihren Ausdruck gefunden, zerfällt.

Es bleibt bei dieser Lösung zu erklären übrig, wie es kommt, daß statt der ursprünglichen Zweiteilung die handschriftliche Überlieferung eine Dreiteilung erkennen läßt, indem von den ältesten erhaltenen Vulgathandschriften jede nur entweder das Digestum vetus, das Infortiatum oder das Digestum novum umfaßt. Die Frage spitzt sich darauf zu, wie das Infortiatum, das sich nach der von mir aufgestellten Ansicht aus früheren Bestandteilen des Digestum vetus und des Digestum novum zusammensetzt, entstehen und sich in die Einteilung eindrängen konnte. Die Erklärung, die ich hierfür gegeben habe [6]), läuft darauf hinaus: Das Infortiatum ist derjenige Teil der Digesten, der am frühesten als völlig unpraktisch empfunden wurde, weil die in ihm behan-

[5]) Vgl. dazu meine näheren Belege und Ausführungen in Z 48, S. 101, 102.

[6]) Z 48 S. 104—108, 112, 113. — Sie berührt sich in diesem Punkte, wie ich erst nach Fertigstellung der Arbeit wahrgenommen und angemerkt habe, mit einer von Zdekauer in seiner oben in Anm. 1 zitierten Schrift S. 25/26 gegebenen, vgl. Z 48 S. 105 Note 2, 113.

delten Lehren am schärfsten in Widerspruch zur kirchlichen und zur germanischen Rechtsanschauung traten. Kennzeichnend dafür ist, daß das Infortiatum mit dem Titel „soluto matrimonio" beginnt, während die Kirche von den frühen Jahrhunderten des Mittelalters an in immer stärkerem Maße der Lösung der Ehe vom Bande widerstrebte. Vormundschaftsrecht und Recht der Verfügung von Todes wegen, weitere Materien des Infortiatum, ruhten im langobardischen Rechte auf völlig anderen Grundlagen. Wenn nun der Zug der Zeit ohnehin dahin zu kennzeichnen ist, daß seit dem Beginn des 7. Jahrhunderts die Kenntnis der Digesten mehr und mehr verfällt, so ist es einleuchtend, daß gerade das die Teile des Infortiatum umfassende Gebiet der Digesten am frühesten als jeder praktischen Bedeutung bar empfunden werden mußte. Ich habe, hieran anknüpfend, das schon zur Glossatorenzeit den verschiedensten Auffassungen unterliegende Wort „Infortiatum" in dem Sinne gedeutet (Z 48 S. 106), daß dem ursprünglichen Sinne nach das vorgesetzte „in" als Verneinungswort zu fassen sei, das „Infortiatum" im ursprünglichen Sinne also nicht das verstärkte Recht (im Sinne verstärkter Rechtskenntnis) oder das verstärkte Digestum, noch auch das „eingeschlossene Digestum" (in fortia, so Kantorowicz), sondern diejenige Partie der Digesten sei, welche durch die Rechtsentwicklung zuerst als außer Anwendung gesetzt, als entkräftet angesehen worden sei. Gestützt wird diese Deutung besonders durch zwei Umstände: Einmal weist die Rechtsgeschichte des byzantinischen Reichs um die hier in Betracht kommende Zeit (Beginn des 9. Jahrhunderts) ein gleiches Absterben der praktischen Geltung großer Rechtspartien auf, ja, eine ganz nahe Parallele besteht insofern, als in der Vorrede des Prochiron über eine Maßnahme des Kaisers Basilius Macedo (867—886) berichtet wird, der alle aufgehobenen Gesetze in einem Bande habe zusammenstellen lassen; andererseits zeigt sich die tiefere Verschollenheit des Infortiatum im

Vergleich mit den anderen Teilen der Digesten darin, daß es beim Wiederaufblühen des Studiums des römischen Rechts später in den Gesichtskreis der Bearbeiter tritt als die anderen Teile. Soviel über die Grundgedanken meiner Lösung. Ich wende mich zur Würdigung der Einwendungen, welche Kantorowicz in seinem Aufsatze in Z 49 dagegen vorgebracht hat.

II.

Zunächst eine grundsätzliche Auseinandersetzung: Kantorowicz (Z 49 S. 56) faßt meine Arbeit als eine vorwiegend kritische auf, — in dem Sinne, als ginge ich von seiner Behandlung des gleichen Problems aus, gäbe ihm gegen die älteren Autoren recht und erhöbe nur in einzelnen, besonders drei Punkten, Widerspruch. So steht die Angelegenheit keineswegs. Meine Lösung des Problems hat zur Grundlage eine total andere Auffassung des Verhältnisses, in dem der Urheber der Einteilung des Archetyps der Vulgathandschriften zu der Grundstimmung des Mittelalters steht. Nach Kantorowicz war die Handschrift von vornherein aus Gründen der praktischen Zweckmäßigkeit (bei einer Zweiteilung seien die Bände zu unhandlich gewesen) dreigeteilt, und der Schreiber habe die von ihm erfundene Dreiteilung benutzt, um seine Scherze anzubringen. Nach meiner Auffassung war der Archetyp ursprünglich zweigeteilt und die Parallele des Digestum vetus und des Digestum novum mit dem Alten und dem Neuen Testament, sowie die Abgrenzung dieser beiden Ur-Teile in einer für die moderne Auffassung sinnlosen, für die damalige Zeit aber höchst sinnvollen Art weist auf den einheitlichen Quell religiöser Mystik zurück, welcher besonders die frühen Jahrhunderte des Mittelalters in einer Fülle durchströmt, die heutiger Anschauung kaum mehr verständlich ist [7]).

[7]) Jene von Harnack (Dogmengeschichte 3. Aufl. II S. 440, 445, 451) besonders dem 5. bis 8. Jahrhundert zugeschriebene Sinnesart führt da-

Es ist mir daher schlechthin unverständlich, wie Kantorowicz (Z 49 S. 59/60) die Auslassung niederschreiben kann: „Wir wollen auch dahingestellt sein lassen, ob der Unterschied zwischen Zahlenscherz und Zahlensymbolik in diesem Falle gar so groß gewesen wäre (!); denn in welchem vernünftigen oder auch unvernünftigem Sinne kann man die Weltzahl 4 für das Digestum vetus und die Gottheitszahl 3 für das Digestum novum ‚symbolisch' sein lassen?" Diese Argumentation verkennt vollständig die Tiefe der Kluft, welche die in den Systemen der Neupythagoräer und Neuplatoniker verankerte Zahlenmystik von einer scherzhaften Zahlenspielerei trennt. Denn es ist bekannt, daß die Zahlenmystik gerade in der Kosmogonie — gewiß einer ernsthaften Angelegenheit — jahrhundertelang die größte Rolle gespielt hat [8]); und das oberste Gesetz für den Historiker ist doch wohl, zu untersuchen, ob das für den Geist der eigenen Zeit Sinnlose nicht für den Geist der zu untersuchenden Zeit sinnvolle Bedeutung gehabt hat. Angesichts jener unangebrachten Vermengung von Scherz und Ernst wird es freilich notwendig sein, zur tieferen Begründung meiner Auffassung auf die beherrschende Kraft einzugehen, welche die Zahlensymbolik gerade in dem Jahrhundert Justinians und in den folgenden Jahrhunderten ausgeübt hat, und darzulegen, daß sie geradezu jede Kluft durch die entferntesten Allegorien zu überspringen imstande war [9]).

---

zu, „alles Profane nicht nur als Symbol, sondern auch als Vehikel des Heiligen" aufzufassen.

[8]) Am stärksten tritt bekanntlich diese Richtung in den Lehren der Gnostiker hervor.

[9]) Herrn Kollegen Genzmer verdanke ich den Hinweis darauf, daß der von mir Z 48 S. 111 Note 2 zitierte Aufsatz Hofmanns sich umgearbeitet und vermehrt in Hofmanns „Kompilation der Digesten Justinians" als Anhang B findet und daß sich dort gerade betreffs der Zahlenmystik, der Cassiodor huldigte, wichtige Nachweise finden. Die in dieser Neufassung des Aufsatzes von Hofmann gegebenen Hinweise sind sehr dankenswert und lehrreich. Für den hier verfolgten Zweck, der allerdings

III.

Darauf, daß Justinian selbst der Zahlensymbolik in hohem Maße ergeben war, und ihr bei der Einteilung seiner Rechtsbücher ein erhebliches Gewicht beigelegt hat, ist bereits hingewiesen worden. Die Beschäftigung mit der symbolischen Bedeutung der Zahl ist indessen nicht nur bei ihm und seinen Zeitgenossen, sondern auch in den folgenden Jahrhunderten ungemein stark. Hat doch der Grammatiker Fulgentius (in der ersten Hälfte des 6. Jahrhunderts) in seinem „liber physiologicus" der Siebenzahl und der Neunzahl ein eigenes Kapitel gewidmet [10]).

Von ganz besonderer Bedeutung ist es aber, daß die Schriften Cassiodors [11]), der den Mönchen des von ihm zu Squillace (Scyllacium) um 540 gegründeten Klosters Vivarium die Pflege der Wissenschaft und der antiken Überlieferung, insbesondere auch die Erhaltung der Werke der Literatur durch Anfertigung von Abschriften nachdrücklichst zur Pflicht machte, „von Zahlenmystik geradezu triefen" [12]). In allererster Linie gilt dies von seinem Psalmenkommentar, wo in der conclusio zu jedem Psalm die allegorisch-mystische Bedeutung der Zahl, die er trägt, erörtert wird. So wird schon in der conclusio des ersten Psalms [13]) nach einer Betrachtung über die Natur der unitas bemerkt: „Nec vacat, quod Dominus Christus est positus in principio numerorum." Entsprechend heißt es nach einer Spekulation über die Dreizahl in der conclusio zum dritten Psalm: „Huius autem

in seiner besonderen Richtung Hofmann völlig fern lag, bedarf es einer mehr ins einzelne gehenden Darstellung.

[10]) Teuffel-Schwabe, Geschichte der röm. Literatur 5. Aufl. I § 480 Anm. 3 u. 8. Auch Hofmann a. a. O. S. 184 weist darauf hin.

[11]) Ich zitiere nach der Ausgabe der Opera omnia Cassiodorii Venet. 1729.

[12]) Hofmann a. a. O. S. 198.

[13]) Opera II pag. 12 col. 2.

psalmi calculum edocet sancta Trinitas, quae licet naturam habeat inseparabilis unitatis, tribus tamen eam manifestum est constare personis.“ Über das Verhältnis des 4. Psalms zur Bedeutung der Zahl, die er trägt, läßt Cassiodor sich [14]) folgendermaßen aus:

„Admonet etiam numerus iste quaternarius ut eum mundo praedicatum virtute Evangelica sentiamus. Congruum siquidem fuit, ut cunctus terrarum ambitus, in quatuor cardinibus constitutus, Salutari Domino credere moneretur, quatenus de diversis gentibus advocata, una fieret totius orbis Ecclesia. Nam et quatuor temporibus annus ipse distinguitur: quatuor ventis cardinalibus totius orbis inane perflatur: quatuor enim virtutibus animi dignitas comparatur, id est prudentia, iustitia, fortitudine et temperantia. Quem calculum Pythagorici tanta laude prosecuti sunt, ut eum sacrum esse faterentur.“

Schon diese Beispiele würden genügen, die geradezu auffällige Verwandtschaft, welche in der allegorischen Ausdeutung der Zahlen bei diesen Psalmenkommentierungen Cassiodors mit der Abteilung der Digesten nach Gesichtspunkten der Zahlenmystik besteht, klarzustellen.

Die Parallelen gehen aber noch viel weiter, dergestalt, daß sich geradezu für jede Eigentümlichkeit, welche die in der Abgrenzung des Digestum vetus vom Digestum novum hervortretende Zahlenallegorie aufweist, ein Beleg aus den Schriften Cassiodors beibringen läßt. Zunächst: Die Zerfällung der Zahl in ihre Bestandteile als ein oft angewandter Kunstgriff der Mysteriendeutung. So heißt es in der Conclusio zum 20. Psalm [15]):

„Extat hic denarii numeri duplicata societas; ut sicut haec parilitas unam summam designat, ita psalmus iste utriusque legis unum Dominum proclamet auctorem.

[14]) Opera II pag. 20 col. 2.

[15]) Opera II pag. 65 col. 2.

Noch schlagender für diesen Punkt ist die allegorische Erklärung der Beziehung des 13. Psalms in der conclusio dazu [16]):

„De numero quoque huius psalmi sic coniicere non putamus absurdum: ut quia sancta Ecclesia introducta est ad loquendum, quae et q u i n q u e l i b r o s M o y s i e t o c t o dierum pro Dominica resurrectione recipit m y s t e r i a, merito persona eius tertiumdecimum calculum tenere videatur ..."

Bemerkenswert ist in diesen Stellen nicht nur die Methode der Zerfällung der Zahl an sich, sondern auch die Bedenkenlosigkeit, mit der weit entlegene Gebiete miteinander zur allegorischen Deutung verknüpft werden: quinque libri Moysi et octo dierum pro resurrectione Domini mysteria!; ferner die an die weltliche Terminologie anklingende Bezeichnung des Alten und des Neuen Testaments als „utriusque legis"; endlich die Bezugnahme darauf, daß dieser calculus „novi et veteris Testamenti sacramenta" umfasse [17]) [17a]).

---

[16]) Opera II pag. 45 col. 2.

[17]) Diese Verschmelzung der Mysterien des Alten und des Neuen Testaments ist überhaupt ein Lieblingsgedanke Cassiodors. Ich verweise hierfür auf die Conclusio zum 17. und zum 19. Psalm (Opera II pag. 59 col. 1 und pag. 63 col. 2) und auf die Conclusio Psalmorum überhaupt (Op. II p. 477 col. 1).

[17a]) Ich glaube mit diesen Anführungen dem Wunsche Kantorowicz' (Z 49, 59) nach weiterem Material entsprochen zu haben. Seinen Hinweis darauf, daß schon Conrat, Epitome exactis regibus CXCIX f. und Pescatore, Miszellen S. 73, 79 sich mit der von mir angeführten Azostelle (Z 48, 102) beschäftigt haben, nehme ich mit Dank zur Kenntnis. Freilich liegt beiden Schriftstellern die Inbezugsetzung des Inhalts der Stelle zur Einteilung der Digesten vollkommen fern. Fitting, Juristische Schriften des früheren MA. S. 100 Ziff. 2 und Anm. 23, verweist zwar darauf, daß in dem von ihm publizierten Exordium einer Institutionensumme die Zahlen der Bücher des Codex, der Institutionen und der Digesten, sowie der 7 partes der letzteren in allegorisch-mystischer Weise erklärt werden, erwähnt aber die Codexstelle des Azo nicht. — Übrigens habe ich die Azostelle keineswegs, wie dies Kantorowicz zu unterstellen scheint, in d e m Sinne angeführt, als wolle Azo damit den Einschnitt bei den

Was für ein starker und für die moderne Auffassung ungeheuerlicher Anteil bei dieser Methode der Phantasie eingeräumt wird, erhellt sattsam aus den angeführten Beispielen. Überdies illustriert Cassiodor seine Methode selbst als eine in den Psalmen begründete in der Conclusio des ersten Psalms (Opera II pag. 12 col 2) in demselben Sinne: „postea parabolis et tropicis allusionibus subsequens drama decurritur et per allegoricas similitudines pene omnia referuntur ad Salvatorem Dominum, quod suis locis commonere curabimus."

IV.

Nun soll keineswegs behauptet werden, die auf der Zahlensymbolik beruhende Grenzziehung im Archetyp der Vulgathandschriften sei unter dem direkten Einflusse Cassiodors erfolgt, obgleich diese Annahme nicht ganz fern liegt, besonders, wenn man in Betracht zieht, daß gerade Cassiodor das größte Gewicht auf Erhaltung der antiken Geisteskultur durch Anfertigung von Abschriften gelegt hat. Wohl aber kann uns die Handhabung der Zahlensymbolik durch Cassiodor ein maßgebendes Beispiel dafür gewähren, wie auch in profanen Schriften in „tropicis allusionibus" und „per allegoricas similitudines" Beziehungen zum Religiösen, das ja, zum mindesten für die in Betracht kommenden Kreise, ein Hauptlebenselement der Zeit bildete, hergestellt werden mochten. Daß hiernach die Übertragung der Erscheinungs-

---

Tres partes erklären; sondern nur als Beweis für die dem Mittelalter geläufige Zerfällung der Siebenzahl in die Zahl der Welt und die der Gottheit. Die Entdeckung, daß das frühe Mittelalter die Zahlensymbolik in diesem Sinne zur Abgrenzung des Digestum vetus vom Digestum novum verwendet hat, reklamiere ich für mich. Für das Quellgebiet, aus dem die Zahlensymbolik der Urteilung der Digesten herstammt, sind zweifellos die Cassiodorstellen viel wichtiger als die von Kantorowicz in Bezug genommenen Stellen aus der Glossatorenzeit.

form der Bibel (des Alten und Neuen Testaments, „utriusque legis“ in diesem Sinne) auf das Hauptwerk des weltlichen Rechts ganz nahe lag, bedarf keines weiteren Beweises. Es ist die nächstliegende „tropica allusio“ dem Testamentum vetus ein Digestum vetus, dem Testamentum novum ein Digestum novum an die Seite zu stellen, — die einfachste Übertragung religiöser Grundtatsachen auf das profane Gebiet[18]). Der Einwand Kantorowicz' (Z 49 S. 56), dies sei unangebracht, weil beide Teile der Digesten nicht, wie das Alte und das Neue Testament in einem „chronologischen Verhältnis“ zueinander stünden, würde von jener Zeit gar nicht verstanden worden sein, oder hätte die Antwort gefunden: Auf das chronologische Verhältnis komme es doch hier so wenig wie dort an; wie die Bibel das einheitliche Wort Gottes (siehe Cassiodor in der oben S. 10 zitierten Conclusio zum 20. Psalm), so seien die Digesten das einheitliche Werk des Kaisers Justinian. Und Kantorowicz' Frage: „In welchem vernünftigen oder auch unvernünftigen Sinne kann man die Weltzahl 4 für das Digestum vetus und die Gottheitszahl 3 für das Digestum novum „symbolisch“ sein lassen?“ erledigt sich einfach dadurch, daß eine direkte Beziehung in diesem Sinne allerdings nicht besteht. Wohl aber kommt für eine Denkart, der „alles Profane nicht nur Symbol, sondern auch Vehikel des Heiligen“ ist (Z 48 S. 103) auf dem Wege der „tropica allusio“ die Beziehung des Neuen Testaments zur Trinität in Betracht. Es ist also sicherlich dem hermeneutischen Grundsatze symbolischer Ausdeutung Genüge geleistet, insofern „der allegorische als ein neben und über dem Wortsinn stehender erschlossen wird“ (Z 48 S. 101 Note 2). Übrigens braucht nur daran erinnert zu werden, daß Justinian seinen das „ius novum“ in sich aufnehmenden Codex mit dem Titel „de summa Trinitate“ beginnt. Sollte es da dem Geiste der Periode so fern gelegen haben, das „Digestum no-

---

[18]) Näheres in meiner Abhandlung Z. 48, 100, besonders Note 3, 101.

vum“ gleichfalls mit einem symbolischen Hinweis auf die Trinität anfangen zu lassen?

Berücksichtigt man ferner, daß es bei der allegorischen Deutung der Worte nicht auf den Sinn des Satzes ankommt, in dem sie stehen, sondern auf die besondere Wortverbindung [19]), so wird man in dem Passus: quattuor partes — dividantur — tres partes — einen ausreichenden Anhaltspunkt im Sinne der Zahlensymbolik finden, hier das 7 Teile umfassende Digestenwerk in 4 Teile und 3 Teile zu spalten. Denn es ist ja gerade das Wesen solcher Symbolik, sich nicht bei dem offen am Tage liegenden Sinn zu beruhigen, sondern einen hinter den Worten verborgenen aus „tropicis allusionibus“ und „allegoricis similitudinibus“ zu entnehmen [20]). Kantorowicz verkennt dies, indem er mir als entscheidend entgegenhält (Z 49 S. 60), wenn der Schreiber mit den heiligen Zahlen 7, 4 und 3 hätte Symbolik treiben wollen, so hätte er an einer anderen, bald darauffolgenden Stelle, nämlich D. 36, 1, 3 pr. teilen müssen. Weshalb? Dort heiße es betreffs der Falcidia: in septem partes trecenta dividantur et ferat quattuor partes fideicommissarius, tres partes legatarius. Er will also den Sinn des ganzen Satzes und nicht den Sinn der beziehungsvoll unmittelbar in engste Verbindung tretenden Worte entscheiden lassen. Nach dem vorher Ausgeführten bedarf es für die Zahlensymbolik der hier ausdrücklich gegebenen Anweisung, in sieben Teile zu teilen, nicht, auf ihr Vorhandensein kann also keineswegs die ausschließliche oder auch nur vorzugsweise Tauglichkeit dieser Stelle gegründet werden. In anderer Beziehung steht sie entschieden hinter der Stelle der wirklich

[19]) Daß sogar in die Wortstellung mystische Wahrheiten hineingeheimnist werden, dafür gibt ein schlagendes Beispiel Cassiodor in der expositio des 24. Psalms (Op. II p. 77 col. 1).

[20]) Dies gegen K.s Einwand (Z 49 S. 60), daß hier nicht 4 Teile und 3 Teile „aufeinanderstießen“, sondern aus 4 Teilen 3 Teile ausgesondert würden.

erfolgten Teilung zurück; denn bei der letzteren stehen die für die Symbolik entscheidenden Worte (die symbolischen Bestandteile der Sieben mit der Anweisung zur Teilung: quattuor partes — dividantur — tres partes —) unmittelbar beieinander, in Kantorowicz' Stelle dagegen sind sie so weit durch außerhalb aller Allegorie stehende Worte getrennt, daß, wo man auch teilen wollte, die symbolische Beziehung in keinem Falle erkennbar ins Auge springen würde [20a]).

Bedenkt man, daß unter den etwa 150 000 Zeilen, welche die Digesten nach Justinians Angabe (Constitutio „Tanta" § 1) enthalten, die sonst völlig sinnlose Teilung gerade nur bei der vorliegenden Stelle einen im Geiste der Zeit liegenden Sinn ergibt [21]), zieht man ferner in Betracht, daß dieser Sinn in der tiefsten Eigentümlichkeit des frühen Mittelalters verankert ist, so kann getrost behauptet werden, daß für die Richtigkeit der Lösung eine derartig hohe Wahrscheinlichkeit spricht, daß sie der Gewißheit gleichkommt [22]) [23]).

[20a]) Im übrigen vgl. den Schluß dieser Abhandlung S. 28 ff.

[21]) äußerstenfalls noch bei der einen von Kantorowicz herangezogenen einen Sinn ergeben würde, wenn die Teilung dort vollzogen worden wäre.

[22]) Es gilt für die hier durchgeführte kausale Analyse dasselbe, was Brentano für die Induktion nachweist, — daß nach dem Gesetze der mathematischen Wahrscheinlichkeit ihre Beweiskraft unendlich groß werden kann; vgl. Brentano, Versuche über die Erkenntnis, aus dem Nachlasse herausgegeben von Kastil, Leipzig 1925, S. 88, 103, 120 f., 123.

[23]) Zur Erhärtung des obigen Ergebnisses kann — mit einer gewissen Reserve — noch ein anderer Umstand dienen: Sogar die Teilung mitten im Satze kann möglicherweise durch eine Analogie auf religiösem Gebiete sich empfohlen haben. In der Dogmatik jener Zeit spielt der Gedanke eine Rolle, daß die größte Tatsache der religiösen Geschichte der Menschheit, die Erscheinung Christi, im Laufe der weltlichen Geschichte keinen sichtbaren Einschnitt gemacht habe. Wird also das Digestum novum zum Neuen Testament in Beziehung gesetzt, so entspricht es genau jenem Gedanken, daß die Abteilung des Digestum novum vom Digestum vetus nicht am Ende, sondern mitten im Flusse eines Satzes gemacht wird.

V.

Gegenüber dieser an die absolute Gewißheit grenzenden Wahrscheinlichkeit, daß bei der Abteilung der Digesten an der erwähnten Stelle die Zahlenmystik die entscheidende Rolle gespielt hat, beachte man die Gezwungenheit der Erklärung, die Kantorowicz für jene Einteilung gibt. Nach ihm bedeutet der Einschnitt bei den „Tres partes“ gar keine bewußte Abteilung; der Schreiber habe vielmehr „spielerisch“ irgendwo im mittleren Teil der Digesten, als er zufällig die Worte „tres partes“ fand, im Gedenken an seine Dreiteilung diese in Majuskeln hingemalt und damit den späteren Abschreibern das Signal zu einem neuen Initium gegeben (Z 49 S. 59). — Aber welche willkürlichen und gewaltsamen Annahmen werden hier gemacht! Der Schreiber, stolz auf die von ihm erfundene und so glücklich (durch seine Scherze) durchgeführte Dreiteilung, malt an einer ganz beliebigen Stelle (nicht etwa an der ersten ihm im Mittelteile begegnenden) die Worte „tres partes“ groß, — ausgerechnet nur an e i n e r der ihm zu Gebote stehenden zehn Stellen, ohne irgendeinen Grund für solche Auszeichnung zu haben. Er hätte doch, sollte man meinen, durch öfteres Großmalen der tres partes eine sichtbare Bestätigung seines genialen Einfalls der Mit- und Nachwelt noch nachdrücklicher überliefern können! Die Auszeichnung der Worte durch eine Schriftart, die sonst nur dem Beginn eines Hauptabschnittes vorbehalten blieb, sollte jedoch keineswegs zu einer solchen Neugliederung führen; aber — er hat damit noch den spätesten Abschreibern den Anlaß gegeben, hier einen Absatz innerhalb des zweiten Bandes der Digesten (des Infortiatum) zu machen. Tragisches Mißgeschick, da er so gewissermaßen selbst sein Kunstgebäude durch Einführung einer vierten Abteilung wieder zerstört hat! [24])

[24]) Die ernste Schwierigkeit, der Kantorowicz hier begegnet, wird noch durch ein der älteren Glossatorenzeit angehörendes Zeugnis ver-

VI.

Ich glaube, daß die hier gegebene geschlossene Beweisführung für meine Ansicht dazu ausreicht, die ursprüngliche Haupteinteilung des Archetyps der Vulgathandschriften in ein Digestum vetus und ein Digestum novum, sowie ihre Abteilung im Sinne der Zahlensymbolik zur Evidenz zu erheben, so daß es eines ausdrücklichen Zeugnisses hierfür gar nicht mehr bedürfte. Ein solches ist nun aber — trotz Kantorowicz' Widerspruch — in der von mir Z 48 S. 93 besprochenen Stelle des Glossators Placentinus enthalten: „tres partes ferant legatarii, ubi liber Digestorum novorum capit initium." Kantorowicz (Z 49 S. 57) hält meiner (auch von anderen Schriftstellern geteilten) Auffassung, daß die Stelle eine Erinnerung an den ursprünglichen Beginn des Digestum novum bei den „tres partes" enthalte, zunächst das Argument entgegen: Wenn dem so wäre, hätte Placentinus nicht „capit", sondern „cepit" oder „olim cepit" schreiben müssen. Darauf ist zu erwidern, daß es ja ein historisches Präsens gibt, das in lebendiger Darstellung überaus häufig angewendet wird.

Im übrigen meint mein gelehrter Gegner, daß ich „insofern Glück gehabt habe", als in der Tat die Stelle in allen inzwischen, hauptsächlich durch Verdienst Fittings und Patettas bekannt gewordenen Handschriften ungefähr so laute, wie Savigny auf Grund von nur drei Handschriften und den alten Druck von 1536 angegeben habe. Nachdem er in verdienstvoller Weise die von Savigny hier in der Sicherheit

---

stärkt. Denn dort, im sog. Introitus Digesti veteris wird ausdrücklich erklärt, daß die „moderni adinventores" der Digesten, also die ersten Juristen der Schule von Bologna, die Digesten nicht wie Justinian in sieben, sondern in vier Teile einteilten. Das Nähere darüber, wie über K.s mißglückten Versuch zur Beseitigung dieses Zeugnisses und endlich über dessen Vereinbarkeit mit der hier aufgestellten Ansicht siehe unten S. 30 f. und Note 39.

der authentischen Fassung gelassene Lücke durch Heranziehung weiterer sieben Handschriften, im ganzen also von elf Textzeugen ergänzt hat, stellt sich in der Tat heraus, daß die Stelle im entscheidenden Passus genau so lautet, wie ich im Vertrauen auf Savignys nur durch drei Handschriften bekräftigte Wiedergabe angenommen hatte [24a]).

Aber Kantorowicz beruhigt sich hierbei nicht. Er meint, in dieser (nunmehr durch zehn Handschriften und den alten Druck beglaubigten) Fassung könne Placentin den Satz nicht geschrieben haben. Es müsse sich in die dem Stationarius überlassene Reinschrift ein Fehler eingeschlichen haben, da ja doch niemand von den „Digesta nova“ im Plural gesprochen habe, was auch sinnlos gewesen wäre. Ausnahmlos heiße es „Digestum novum“; der Plural sei für das ganze Werk reserviert worden; mit Rücksicht hierauf hält er sich für berechtigt, das „novorum“ zu emendieren (es sei infolge Angleichung an „Digestorum“ verschrieben worden), während der richtige Text nach ihm „einfach und harmlos“ lautete: ubi liber Digestorum novum capit initium, licet usw., d. h. „wo in den Digesten sich ein neues Initium befindet, obwohl . . .“.

Solche Emendation eines durch elf Textzeugen gesicherten Textes ist gewiß kühn; und wenn man dem Gegner, der den Text nicht antastet, zu verstehen gibt, daß er fahrlässig gehandelt habe, als er sich für seine Lesart mit einer durch drei Handschriften und einen alten Druck bezeugten Rezension begnügte, so muß der Textreformator sehr starke Gründe für seine Emendation aufweisen können; sonst würde der dem Gegner gemachte Vorwurf mangelnder Akribie auf ihn selbst zurückfallen.

Geradeheraus gesagt: Kantorowicz' Textkonjektur ist nachweisbar bodenlos. Ganz abgesehen davon, daß ein sonst

[24a]) Hierzu ist übrigens zu bemerken, daß Savigny zwei der Handschriften mit Nachdruck als „gute“ bezeichnet.

stets im Plural gebrauchtes Wort auch da, wo es für einen Teil des Digestenwerks verwendet in der Regel im Singular steht, doch einmal im Plural vorkommen könnte, — die Glossatoren behandeln die hier vorliegende sprachliche Erscheinung bewußter Setzung des Plurals für den zu erwartenden Singular mit entschiedener Vorliebe. Sie haben dafür besondere Kunstausdrücke in Verwendung (alloeotheta numeri vel syllepsis); schon Irnerius in seiner Eigenschaft als philologisch geschulter Jurist befaßt sich damit bei der Quelleninterpretation. Ich gebe hier nur die wichtigste Glosse im Text, weitere bedeutsame im Zitat [25]).

Gl. Quorum iudiciorum zur lex Divus Pius § Divus Hadrianus (D. 5, 3, 5, 2): id est: cuius iudicii, scilicet petitionis hereditatis; et erit alloeotheta [25a]) numeri, vel syllepsis: quale est: Indignati sunt apostoli propter effusionem unguenti: cum unus solus, scilicet Juda fuit indignatus rel.

Placentinus konnte also sehr wohl damit rechnen, daß der von ihm für den üblichen Singular eingesetzte Plural als „alloeotheta vel syllepsis“ werde verstanden werden. Damit fällt Kantorowicz' Textkonjektur in sich zusammen. Die Bekräftigung, welche diese Stelle meinem schon mit anderen Gründen geführten Beweise leiht, bleibt also aufrecht.

VII.

Dem zweiten Teile meiner Beweisführung, daß das Infortiatum sich später aus Teilen des Digestium vetus und novum gebildet habe und denjenigen Teil des Digestenwerks

---

[25]) Siehe ferner: Gl. Una res zur l. Si servum § Ait praetor (D. 29, 2, 71, 7); Gl. Publicarum personarum z. l. Tutores (C. 5, 37, 24); Gl. Antistitibus z. l. Jam dudum (C. 1, 13, 1).

[25a]) Die Ausgabe des Digestum vetus Venet. 1482 (Joh. Herbort de Siligenstat) druckt: „aleotheca numeri vel silepsis.“

darstelle, der am frühesten zu völliger praktischer Bedeutungslosigkeit herabgesunken sei, weil die darin enthaltenen Lehren am stärksten der kirchlichen und der germanischen Rechtsanschauung widersprachen, hält Kantorowicz (Z 49 S. 61) zunächst einen Einwand gegen die Abgrenzung entgegen: warum werde der Beginn des entkräfteten Teils nicht vor D. 24, 2 gemacht, welcher Titel doch „de divortiis et repudiis" handelt, sondern erst vor dem nächsten? Ich muß gestehen, daß ich diesen Einwand von dem genauen Kenner der Quellen und Literatur des kanonischen Rechts nicht erwartet habe. Daß ein oder auch beide Ehegatten die eheliche Lebensgemeinschaft aufheben, erscheint der Kirche beim Vorliegen bestimmter Gründe gerechtfertigt, jedenfalls hat sie mit diesem Tatbestande zu rechnen. Sie verneint nur, wenigstens für das matrimonium consummatum [26]) die Wirkung der Lösung des Bandes. Daher haftet für die kirchliche Anschauung dem auf die Lösung des Bandes hinweisenden Ausdruck „soluto matrimonio" als Bezeugung einer allgemeinen Rechtsinstitution eine Anstößigkeit an, welche den Ausdrücken „divortium" und „repudium" abgeht, weil diesen jene prägnante Beziehung zur auflösenden Wirkung mangelt [27]). Hiermit liegt

[26]) mit Ausnahme des singulären Falles, daß die Ehe unter Ungläubigen geschlossen worden war und dann der Christ gewordene Ehegatte vom anderen, ungläubig gebliebenen Teil, „odio Christianae fidei" verlassen wird, s. Decretum Gratiani (ich benütze die Ausgabe Parisiis 1506) C. 28 qu. 2 c. 2: „Contumelia quippe creatoris solvit ius matrimonii circa eum, qui relinquitur."

[27]) Die folgende Stelle des Decretum bedient sich beider Ausdrücke: C. 32 qu. 7 c. 1 (Vinculum coniugii fornicatione non potest dissolvi): Interveniente divortio non aboletur illa confoederatio nuptialis: ita ut sibi coniuges sint, etiam separati, cum illis etiam committitur adulterium: quibus etiam fuerint post suum repudium copulati. (In den neueren, den Legaltext gebenden Ausgaben des corpus iuris canonici steht die Stelle mit etwas verändertem Wortlaut, vgl. Friedberg I² col. 1140). Übrigens behandelt in den Digesten der Titel „de divortiis et

am Tage, daß der Einwand Kantorowicz' meine Ansicht nicht widerlegt, ja, daß ihre Richtigkeit durch Beobachtung der Terminologie eine neue Stütze erhält.

Wenn Kantorowicz weiter die Frage aufwirft: „Warum wurden nicht ebenso, nach dem Vorbilde des epitomierten Codex, auch die anderen unpraktischen Teile der Digesten, namentlich der größte Teil des öffentlichen Rechts, aus dem ‚nichtentkräfteten Teil' ausgeschieden? Warum durfte der ‚entkräftete Teil' andererseits durchaus nicht unpraktische Materien, wie die meisten des 25. Buches enthalten?" — so fragt er meines Erachtens hier mehr, als die Verwahrer des Archetyps der Vulgathandschriften selbst ihm hätten beantworten können. Erwidern ließe sich etwa: Es handelt sich eben nicht um eine Epitome, sondern um eine vollständige Handschrift. Wenn nun die Umstände, vielleicht Raummangel, die Zurückstellung eines Teils der Handschrift wünschenswert erscheinen ließen, so wird man einen zusammenhängenden Teil zurückgestellt haben, in dem sich die im großen und ganzen dem Gebrauch entzogenen Partien befanden. Wäre man anders verfahren, so hätte man die Handschrift zerpflücken müssen [28]).

---

repudiis" ex professo nur die Voraussetzungen der völligen Auflösung der Ehe, während der Titel „soluto matrimonio" die Wirkung der erfolgten Auflösung behandelt.

[28]) Kantorowicz (Z 49, 61) hält mir hier vor, daß ich seiner Meinung nicht gedacht hätte, wonach er selbst die geringere Glossierung des Infortiatum darauf zurückgeführt habe, daß darin nur Institute behandelt werden, die ganz besonders stark unter der Konkurrenz des langobardischen Rechts zu leiden hatten: Dos, Tutel, Haereditas, Bonorum possessio. Er beanstandet daher die Bemerkung, die ich anläßlich des Hinweises auf Zdekauer (Z 48, 105 Note 2) gemacht habe, daß über dessen, auf die besonders starke Abweichung des langobardischen Rechts gerade in den Materien des Infortiatum gestützte Sonderdeutung das neuere Schrifttum hinweggegangen sei. Aber daraus geht hervor, daß sich meine Feststellung nur auf die besondere Anwendung bezog, welche Zdekauer von jener Erscheinung gemacht hat. Die Nichtbeachtung dieser Sonderdeutung Zdekauers in der neueren Literatur zu

Bleibt die Beanstandung meiner Erklärung des Ausdrucks „Infortiatum".

Hier sind zunächst zwei Feststellungen wichtig. Die Frage, ob meine Erklärung der Bezeichnung „Infortiatum" richtig ist, berührt in keiner Weise das durch die Untersuchung festgestellte Ergebnis, daß mit größter Wahrscheinlichkeit der als „Infortiatum" bezeichnete Teil der Digesten als spätere Einteilung die frühere Zweiteilung in Digestum vetus und Digestum novum überlagert hat. Denn die Gründe hierfür sind historische, keine terminologischen. Und Zdekauer, der eine andere Erklärung des Ausdrucks „Infortiatum" gibt (vgl. meine Bemerkungen in Z 48 S. 105 Note 2, S. 113 Note 1) hat doch in sachlicher Hinsicht wenigstens vermutungsweise die gleiche Deutung vorweggenommen.

Wie ich gleichfalls bereits bemerkt habe (Z 48 S. 91), steht schon den späteren Glossatoren der Grund für die Benennung des Infortiatums nicht mehr fest. Accursius stellt nicht weniger als fünf Lösungen zur Auswahl. Jenes liegt einmal an der unbequemen Vieldeutigkeit des Grundworts. wie des Bestimmungswortes. Die Unsicherheit über die wahre Bedeutung spricht aber auch für ein über die Glossatorenzeit zurückreichendes Alter der Bezeichnung, dafür, „daß die geschichtlich ursprüngliche Bedeutung durch spätere Beziehungen überdeckt worden ist" (Z 48 S. 104) [29]. Nun habe ich allerdings bei der sprachlichen Ableitung eine Stufe nicht deutlich genug abgehoben, so daß Kantorowicz,

---

erwähnen, hatte ich allen Grund, weil jene sich nah mit dem einen Grundgedanken meiner Auffassung berührt; denn hierdurch wird verständlich, wie ich trotz gewissenhafter Benützung der Literatur erst nach Beendigung meiner Arbeit durch einen Zufall darauf aufmerksam wurde, daß ich in diesem Punkte in Zdekauer einen Vorgänger habe.

[29]) Die von mir gegen Kantorowicz' entgegengesetzte Meinung vorgebrachten Gründe (Z 48, 98) sind von ihm nicht zu widerlegen versucht worden.

obgleich ich immer nur von „Infortiatum" gesprochen habe, zu der Meinung geführt werden konnte, ich gehe von dem so vieldeutigen Verbum „infortiare" aus. Dies ist nicht meine Ansicht. Zweifellos existierte aber, wie durch die modernen romanischen Sprachen gesichert ist, ein mittelalterlich lateinisches Wort „fortiare" und davon das Partizipium „fortiatum". Daß nun darin noch für die Glossatorenzeit die Bedeutung „gestärkt", „gekräftigt" steckt, geht unmittelbar aus der Deutung hervor, die Irnerius und die Glosse dem Ausdruck „Infortiatum" geben [30]), wenn auch die Glossatoren, von der veränderten Anschauung ihrer Zeit ausgehend (vgl. Z 48 S. 113) die vorgesetzte Partikel „in" nicht als Verneinungswort, sondern als Präposition auffassen. Letzteres ist aber bei einem substantivisch gebrauchten Partizipialadjektiv etwas völlig Ungewöhnliches. Hier bedeutet das vorgesetzte in- in der ganz überwiegenden Zahl der Fälle die Verneinung, vgl. corruptus — incorruptus, aestimatus — inaestimatus, agitatus — inagitatus, comptus — incomptus, consuetus — inconsuetus — eine Liste, die sich um ein Vielfaches vermehren ließe.

Nur dort, wo das „in" schon mit dem Grundverbum verbunden ist, nicht erst dem Partizipialadjektiv hinzugesetzt ist, stellt es sich als Präposition dar, wie denn inveteratus, von invetero herkommend, die Bedeutung „eingewurzelt" hat.

Überwiegende Gründe sprechen also dafür, daß das als substantivisch gebrauchtes Partizipialadjektiv zu fassende Wort „Infortiatum" ursprünglich die Bedeutung „das Entkräftete" gehabt hat, und daß erst dann, als mit dem

---

[30]) „Scientia nostra aucta vel augmentata est." Entsprechend die Stelle der Glossa ordinaria: amissum ius est redditum forte; endlich in der Lesart Patettas die Deutung des Ausdrucks Infortiatum bei Joh. Bassianus (vgl. Z 48 S. 106 Note 1, S. 111 Note 2: „que dicitur infortiatum sive infortiata, que nomen inde accepit, quia qui eam invenerunt summa vi nisi fuerunt, quam vulgariter fortiam vocamus."

Wiedererwachen des Studiums des römischen Rechts auch das „Infortiatum“ dem Studium wiedergegeben wurde, der Name in seiner ursprünglichen Bedeutung also ganz unverständlich geworden war, die neue Deutung untergeschoben wurde. (Das Nähere darüber in Z 48 S. 112/113.)

Damit erledigt sich der Einwand Kantorowicz' (Z 49 S. 62), wie man annehmen könne, daß „infortiare“ (lies: Infortiatum) z u g l e i c h die genau entgegengesetzte Bedeutung hätte haben können. So steht es eben nicht, denn der ursprüngliche Sinn war längst verschollen, als die vorhandene Bezeichnung eine neue Deutung im entgegengesetzten Sinne forderte. Indessen ist der Einwand Kantorowicz' nicht einmal von seinem Standpunkt aus durchschlagend, denn es gibt in der Tat Fälle, wo ein vollkommen gleichgeschriebenes Wort zu gleicher Zeit Entgegengesetztes bedeutet: Neben „inscriptus“, als Partizip von inscribere, einschreiben, findet sich „inscriptus“ im Sinne von „nicht geschrieben“ (Gegensatz: „scriptus“).

Was endlich den Angriff Kantorowicz' in der Richtung betrifft, daß der Ausdruck terminologisch nicht geeignet sei, den Gegensatz zum geltenden Rechte zu bezeichnen, weil man das geltende Recht niemals als „ius forte“ benannt habe (Z 49 S. 61), so verfehlt er deshalb sein Ziel, weil es sich in meinem Sinne keineswegs um die formale Aufhebung geltenden Rechts handelt, sondern nur um die rein faktische Ausscheidung eines als vorzugsweise unpraktisch geworden empfundenen T e i l e s eines Rechtsquellenwerkes, dessen theoretische Fortgeltung von mir nicht bestritten worden ist und nicht bestritten werden konnte (Z 48 S. 104/105).

VIII.

Nach diesen Klarstellungen lassen sich die noch übrigen Einwendungen Kantorowicz' summarisch erledigen. Kantorowicz behauptet, daß die von mir (Z. 48 S. 108 f.) für das

Alter von S angeführten paläographischen Gründe rein hypothetischer Natur seien. Sie laufen darauf hinaus, daß aus gewissen ständigen Buchstabenverwechslungen auf die Schriftart der zugrunde liegenden Handschrift geschlossen wird. Hypothetisches ist darin nichts zu erblicken, denn die verschiedenen geschichtlich in Gebrauch gewesenen und nach der Zeit ihrer Herrschaft bestimmbaren Schriftarten unterscheiden sich nach der Form der Buchstaben in kennzeichnender Weise und je nachdem sich die Formen verschiedener Buchstaben innerhalb einer Schriftart nahestehen, geben sie auch bei der Entnahme von Abschriften Anlaß zu solchen für die Schriftart charakteristischen Verwechslungen. Von Hypothese könnte hiernach etwa dann geredet werden, wenn nur ein kleiner Abschnitt zur Verfügung stände und eine solche Verwechslung nur einmal feststellbar wäre. Wenn aber, wie im Codex Lipsiensis (Z 48 S. 109) ein großer Teil des Digestum vetus (s. Mommsen, Digesta I p. XXXXIII) auf Grund einer direkt von S herstammenden Abschrift erhalten ist und die Buchstabenverwechslungen in charakteristischer Weise sich wiederholen, so steigt nach den Gesetzen der Wahrscheinlichkeitsrechnung die Wahrscheinlichkeit schließlich praktisch bis zur Gewißheit. So hat denn auch ein Forscher wie Mommsen sich ohne Bedenken dieses Schlußverfahrens bedient.

Mittlerweile bin ich auf ein neues schlagendes Argument für das bis nahe an die Justinianische Zeit reichende Alter von S aufmerksam geworden. Nach den Forschungen L. Traubes [31]) über die Textgeschichte der Regula S. Benedicti (529) enthält die Handschrift St. Gallen 914 in ihrer ersten Ab-

[31]) L. Traube, Textgeschichte der Regula S. Benedicti, 2. Aufl. (1910) hrsg. von H. Plenkers in den Abhandlungen der Kgl. bayr. Akademie der Wissenschaften, Philosophisch-philologische und historische Klasse Bd. 25, 2. Abhandlung; vgl. Plenkers, Neue Ausgaben und Übersetzungen der Benediktinerregel in den Studien und Mitteilungen zur Geschichte des Benediktinerordens Bd. 47 (1929) S. 183 f.

teilung die auf starkes Pergament geschriebene Abschrift der Regel. Diese Abschrift entstammt dem Anfang des 9. Jahrhunderts und stellt sich als eine nur durch ein Zwischenglied vom eigenhändigen Urexemplar Benedikts getrennte Abschrift dar[32]). Und in dieser mittelbar auf einer Handschrift aus der Zeit Justinians fußenden Abschrift finden sich dieselben häufigen Vertauschungen von u und b, welche für den Codex Lipsiensis, die mittelbare Abschrift von S kennzeichnend sind![33])

Aus allem ergibt sich, daß spätestens in der ersten Hälfte des 9. Jahrhunderts eine Abschrift von S, dem Archetyp der Vulgathandschriften existierte, welche auf Grund der neuen Dreiteilung (die eben durch das Auftreten des Infortiatum

[32]) Sie ist nämlich als identisch mit einer nach dem Kloster Reichenau auf Veranlassung Karls des Großen gesandten Abschrift des Aachener Normalexemplars anzusehen. Das letztere, heute verschollene, ist die Abschrift des eigenhändigen Originalexemplars Benedikts, welche Karl der Große nach einem Besuch im Kloster Monte Cassino sich im Winter 787 erbeten hatte und von deren faktischer Übersendung ein noch erhaltener Brief Kunde gibt. Die noch zu Karls des Großen Zeiten im Kloster Monte Cassino verwahrte Urschrift der Regel ist, als das Kloster im Jahr 883 von den Sarazenen erobert und geplündert wurde, von den Mönchen nach Terno gerettet worden, dort aber 13 Jahre später mit dem Kloster ein Raub der Flammen geworden, siehe Traube a. a. O. S. 29—31, S. 63—66.

[33]) Ich führe an

b für u	u für b
adiubasti	acceptauilis
salbentur	iuuere
abaritia	aruitrio

Weitere bezeichnende Fälle dieser eigentümlichen Schreibung bei Traube a. a. O. S. 52, der sie übrigens S. 64 als orthographische, durch die Besonderheit der Aussprache bedingte Eigentümlichkeit jener älteren Zeit auffaßt. — Indessen, — es wäre nicht das erste Mal, daß Eigentümlichkeiten der Schriftart auf die Orthographie Einfluß gewonnen hätten: Wegen der Vertauschung von u und b im Codex Lipsiensis vgl. Mommsen Digesta I p. LXVI.

als besonderen Teils herbeigeführt war) [34]) angefertigt worden ist. Denn da der Codex Lipsiensis von ihr stammt und bereits in die Grenzen des Digestum vetus eingeschlossen ist, so kann gefolgert werden, daß entweder die Zwischenhandschrift selbst nur diesen beschränkten Umfang aufwies oder die neue Einteilung an sich trug. Aus dieser weit zurückliegenden Zeit, in der bereits die ursprüngliche Zweiteilung durch die Dreiteilung verdrängt worden ist, erklärt es sich leicht, daß bei keiner der erhaltenen Handschriften „auch nur die leiseste Spur der früheren Zweiteilung oder auch nur davon auftritt, daß jemals bei den Worten ‚Tres partes' ein neuer Band begonnen habe," — worauf Kantorowicz (Z 49 S. 56/57) entscheidendes Gewicht legt. Hatte sich aus Teilen des Digestum vetus und des Digestum novum ein neuer Band gebildet, so war damit im Archetyp S der frühere Haupteinschnitt in die Mitte des Infortiatum gerückt und konnte demgemäß nicht mehr als Anfang eines neuen Bandes aufgefaßt und behandelt werden; dies um so weniger, als ja nach dem Entschwinden des Bewußtseins von der zahlenmystischen Bedeutung des Einschnittes der Beginn mitten im Satze als völlig ungeeignet zum Anfang eines neuen Bandes erscheinen mußte. Die Behauptung, daß jede Spur einer solchen Einteilung in den Vulgathandschriften verschwunden sei, ist aber zum mindesten ungenau, da ja die Handschriften den Einschnitt im Sinne einer besonderen Abteilung des Infortiatum bewahrt haben [34a]).

Ich bin am Ende meiner Widerlegung angelangt. Alle wesentlichen Punkte meiner Auffassung haben sich gegenüber dem Angriff Kantorowiczs als evident richtig behauptet.

---

[34]) Dies zu dem Einwurf Kantorowicz' (Z 49, 56), der sich wundert, wie ich von meinem Standpunkt aus ihm darin recht geben könne, daß die Dreiteilung schon dem Codex S angehöre. Aus meinen Ausführungen erhellt, daß ich die durch das spätere Hervortreten des Infortiatum herbeigeführte Dreiteilung auch meinerseits schon dem Codex S zuschreibe.

[34a]) Vgl. hierzu Savigny, Geschichte des röm. R. i. MA.[2] Bd. 3 S. 422 ff. besonders Note d und Kantorowicz selbst Z 31 S. 43/44.

IX.

Nur auf einen Umstand sei zum Schlusse noch hingewiesen. Die Einteilung der Handschriften weist äußerlich eine Dreiteilung und, wenn man die Tres partes als selbständige Abteilung hinzunimmt, eine Vierteilung auf. Danach wäre zwar die Justinianische Einteilung in sieben partes, wie oben dargetan, bei der Zerfällung in (ursprünglich) zwei Hauptteile in Betracht gezogen, im übrigen aber nicht respektiert.

Nun findet sich aber bei der Lehrordnung der Glossatoren, sowie in einzelnen Handschriften[35] eine Unterteilung, bei der in der Tat eine Siebenteilung herauskommt, nämlich

Dig. vetus	I. Pars:	Lib. 1—11.
	II. Pars:	Lib. 12—24, 2.
Infortiatum	I. Pars:	Lib. 24, 3—29.
	II. Pars:	Lib. 30—35, 2, 82 inmitten.
	III. Pars:	Tres partes 35, 2, 82 inmitten bis 38.
Dig. novum	I. Pars:	Lib. 39—44.
	II. Pars:	Lib. 45—50.

Hierauf kann eine Hypothese gestützt werden, durch welche die gewonnene Erkenntnis in überaus befriedigender Weise auf einem direkter Forschung nicht zugänglichen Gebiete abgerundet würde.

Es könnte nämlich schon bei der Anfertigung von S, als also das Infortiatum noch nicht bestand, die Einteilung in diese sieben Unterteile beobachtet worden sein. Diese Einschnitte hätten sich zum Teil mit den Justi-

[35]) Savigny, Geschichte des röm. Rechts im Mittelalter, 2. Aufl. 3, 424.

nianischen partes gedeckt (das Ende des 11. Buches ist zugleich das der 2. pars de iudiciis, der Schluß des 44. Buches zugleich das Ende der Sexta pars Justinians), zum Teil fielen sie mit dem Ende wichtiger Lehren zusammen (der Schluß des 29. Buchs mit dem Schluß der Lehre von den Testamenten). Die übrigen Einschnitte beruhten nicht auf einem Schreiberscherz, sondern stellten sich dar als Ausdruck der selben symbolisierenden Geistesrichtung, welche die Teilung des ganzen Digestenwerkes in vier und drei Teile bei den Tres partes hervorrief. Das Digestum vetus hätte dann in der Tat, worauf die Einteilung hinwies, vier Teile umfaßt, das Digestum novum drei Teile. Mit der Entstehung des Infortiatum wären dann die drei mittleren Teile ausgeschieden worden, nämlich die zwei letzten Teile des Digestum vetus und der erste Teil des Digestum novum. Hierbei müßte vorausgesetzt werden, daß die erst in nachaccursischer Zeit als solche nachweisbare Unterteilung [36]) durch irgendwelche Tradition des früheren Lehrbetriebes übermittelt worden wäre [36a]).

Ein direkter Beweis für diesen letzteren Punkt kann nicht geführt werden. Doch spricht dafür sehr stark, daß diese Einteilung die Zerfällung der Digesten im Sinne der Zahlensymbolik (vier Teile auf das Digestum vetus, drei Teile auf das Digestum novum) erst vollendet haben würde. Wie dem auch sein mag — der feststehende Teil meiner Untersuchung bedarf solcher Ergänzung nicht.

Die Geschichte der Einteilung wäre dann, kurz skizziert, folgende gewesen:

Zuerst Zweiteilung in Digestum vetus und Digestum novum vor den tres partes, mit Unterteilung in sieben partes, von denen vier auf das Digestum vetus, drei auf das Digestum novum kamen. Sodann Herausbildung des Infortiatum; da-

---

[36]) Siehe Kantorowicz, Z 31, 47.

[36a]) Dafür kommen die Z 48 S. 105 Note 1 erörterten Gesichtspunkte in Betracht.

durch entstanden drei Hauptteile; indessen: Die Tres partes, der aus dem Stoffe des Digestum novum ausgeschiedene Teil, nahmen zunächst eine Sonderstellung ein. Hierzu mag zweierlei beigetragen haben: Einmal, daß der Einschnitt vor den Tres partes bestehen blieb, wodurch dieser Teil vom übrigen Infortiatum sich abhob. Sodann, daß nunmehr die unmittelbar vor den Tres partes im Text stehende Anweisung, in vier Teile zu teilen („in quattuor partes dividantur") im Sinne der Zahlensymbolik auf das ganze Digestenwerk bezogen werden konnte [37]. Daß diese Vierteilung schon vor der Glossatorenzeit durch entsprechende Bandeinteilung des Archetyps S realisiert gewesen ist, dafür spricht sehr stark der Bericht des schon in Note 24 erwähnten, nunmehr ins Auge zu fassenden Introitus Digesti veteris, wonach die vier Teile der Digesten in der Reihenfolge: Digestum vetus, Digestum novum, Infortiatum, Tres partes aufgefunden worden seien. Jedenfalls kennt, wie bereits Patetta in der in Note 1 angeführten Abhandlung richtig bemerkt hat, die Frühzeit der Glossatoren vier partes und nicht nur drei. Der „Introitus Digesti veteris", der entweder dem Johannes Bassianus oder einem Rechtslehrer der ersten Hälfte des 13. Jahrhunderts, wahrscheinlich einem Schüler des ersteren zuzuschreiben ist, lautet nach der Wiedergabe Patettas (S. 68, 69 a. a. O. nach dem Ms. sessoriano in der Biblioteca Vittorio Emanuele in Rom) in dem hier entscheidenden Passus folgendermaßen:

Partes autem huius artis alie sunt secundum divisionem domini Justiniani, alie sunt secundum modernorum hominum adinventionem. Domini (sic) enim Justinanus ipsam dividit in VII partes, respiciens in naturam numerorum et artem, ut C. de veteri iure enucleando l. tanta, sed moderni adinventores

[37]) Daß das Hauptwerk des weltlichen Rechts im Sinne der Weltzahl (4) geteilt werde, schien offenbar ebenso entsprechend, wie daß das im hohen Mittelalter entstandene Hauptwerk des kirchlichen Rechts, Gratians Decretum, in drei Teile zerfiel.

ipsam dividunt in IIIIer partes *) digestum scilicet vetus, infortiatum **) et tres partes et Digestum novum.“ [38]).

Im Introitus ist also ausdrücklich gesagt, daß die „moderni adinventores“ die Digesten im Gegensatz zu Justinian in vier Teile teilen, was dem Umstande zugeschrieben wird, daß sie nacheinander aufgefunden worden seien.

Es liegt auf der Hand, daß vom Standpunkt der hier vertretenen Meinung aus dieser Bericht sich geschichtlich aufs beste in die vorstehends gemachten Annahmen einfügt, wenn auch die im Introitus gegebene Erklärung der Benennung der Teile (s. Note 38) nicht als richtig anerkannt werden kann (vgl. dazu besonders Z 48 S. 99, 103). Dagegen steht schon das Tatsächliche des Berichts der oben (S. 16) wiedergegebenen Ansicht Kantorowicz‘ durchaus entgegen [39]). —

---

*) Prima era scritto „libros“.

**) Qui stavano le parole „et Digestum“ poi cancellate.

[38]) Die Fortsetzung des obigen Bruchstücks lautet nach Patetta a. a. O.:

„Digestum vetus ideo vocant, quia cum ars ista longo tempore latuisset, primo illa pars est inventa, que digestum vetus vocatur, unde ab inventione nomen accepit; deinde procedente tempore inventa fuit pars illa, que digestum novum dicitur, et a nova inventione novum nomen accepit. Postmodum vero inventa est illa pars, que dicitur infortiatum sive infortiata, que nomen inde accepit, quia qui eam invenerunt, summa vi nisi fuerunt, quam vulgariter fortiam vocamus, vel sicut in disciplina fere preceptorum *) omnium traditur, infortiata ideo dicitur, quia tempore inventionis eius moneta, que infortiati vocabatur expendebatur.

In fine vero inventa est pars illa, que dicitur tres partes, a sui principio nomen sumens.“

*) Ms. „preceptorum fere“ coi segni di trasposizione.

Die Stelle ist mit einigen Abweichungen (die wichtigste habe ich in Z 48 S. 106 Note 1, S. 112 Note 2 besprochen) schon von d’Ablaing, Sav.-Z. 9 S. 40 abgedruckt.

[39]) Dieser sucht in Z 31 S. 53/54 dem gegen ihn sprechenden Zeugnis in folgender Weise die Spitze abzubrechen: Patetta gebe an, daß statt des ersten „partes“ ursprünglich „libros“ dastand, und nach „In-

Später haben dann die Tres partes ihre Sonderstellung verloren und sind, unter Beseitigung ihrer Zwitterstellung, als dritter Teil des Infortiatum aufgefaßt worden [40]), womit die erfolgte Abschichtung voll in ihre Rechte eingesetzt worden ist.

Mancher Leser mag meinen, daß die hier behandelte Frage den auf sie verwendeten großen Apparat nicht lohne. Und doch: so gar unbedeutend ist sie nicht. Hat doch die mittelalterliche Einteilung der Digesten jahrhundertelang maßgebende Bedeutung für die Gestaltung des juristischen Unterrichts besessen.

Vor allem aber: Wenn die hier gegebene Lösung, wovon ich fest überzeugt bin, das Richtige trifft, so tritt sie in den größeren Zusammenhang ein, in dem wir erkennen, wie

---

fortiatum" die durchstrichenen Worte „et Digestum" folgten. Daraus schließt Kantorowicz, daß die Vorlage „einfach las": „in III libros, digestum sc. vetus, infortiatum et digestum novum" und nun der Abschreiber den Text, unter verräterischer Verdoppelung des „et", aus bloßer Originalitätssucht (!) willkürlich abänderte.

Kantorowicz tut dem Schreiber des Introitus entschieden unrecht. Es ist klar nachweisbar, daß die Einsetzung der Worte „et Digestum" hinter infortiatum und ihre spätere Durchstreichung einfach auf dem naheliegenden Umstande beruht, daß der Schreiber aus Flüchtigkeit die tres partes zunächst zu schreiben übersehen hatte. Das gleiche, wohl beim Abschreiben häufigste Flüchtigkeitsversehen kommt nämlich in dem introitus noch zweimal vor. Das eine Mal, in dem hier mitgeteilten Stück selbst, in der Umstellung „praeceptorum fere", das andere Mal an späterer Stelle, wo der Schreiber in dem Passus: primo anno legende sunt institutiones et prota digestorum, deinde tribus sequentibus annis legenda sunt digesta secundum ordinem rel. das „deinde" in gleicher Flüchtigkeit zunächst hinter institutiones gesetzt und dann gestrichen hat.

Aber abgesehen hiervon: Die ganze Konjektur K.s fällt schon dadurch in sich zusammen, daß in der von ihm nicht beachteten, Note 38 mitgeteilten Fortsetzung der Stelle nacheinander die vier Teile in Bezug genommen werden.

[40]) Vgl. Savigny, Geschichte des röm. Rechts im MA. III S. 424/25 Note d.

Haltung und Ziele einer geschichtlichen Periode alle Lebensgebiete mit einheitlichem Geiste durchdringt[41]).

[41]) Im kleinen wiederholt sich nämlich damit eine Erscheinung, die auf einem andern Gebiet die gewaltigste Rolle gespielt hat. Der zur Mystik geneigte Sinn des Mittelalters hat aus der Prophetie in Verbindung mit der Zahlensymbolik eine Vorstellung von weltgeschichtlicher Bedeutung herausgesponnen. Bekanntlich hat die kirchlich beeinflußte Geschichtschreibung des Mittelalters in der Deutung, die der Prophet Daniel dem Traume Nebukadnezars gab (Dan. 2, 44), in dem letzten der vier aufeinanderfolgenden Weltreiche das römische Reich erblickt und daraus dessen Fortdauer bis zum Eintritte des himmlischen Reichs abgeleitet (s. Wattenbach, Deutschlands Geschichtsquellen im MA.[2] S. 42). Unter diesem Gesichtspunkt erscheint die fränkische Universalmonarchie Karls des Großen, wie das mittelalterliche, von Otto dem Großen aufgerichtete deutsche Kaiserreich als Fortsetzung des römischen Reiches. Gegenüber Einflüssen von solcher Größe verschwindet freilich das Rätsel der Digestenvulgata. Aber der Geist, der aus dem gelösten Rätsel hervorleuchtet, und den es historisch zu begreifen, nicht der Gegenwart aufzudringen gilt, ist derselbe, der auf das geschichtliche Leben des deutschen Volkes im Mittelalter von nachhaltigem Einfluß gewesen ist.

Druck von Robert Noske in Borna-Leipzig.

Kolibri 360 GmbH
Ferdinand-Jühlke-Straße 7
99095 Erfurt, Deutschland
produktsicherheit@kolibri360.de